ボランティアって
なんだ　？

JN029968

猪瀬 浩平

表紙、本文イラスト・こまどり社

岩波ブックレット No. 1018

この本を手にとってくれたあなたへ

「ボランティア」と題した本を手にとっている姿を、人に見られるのは嫌だ。意識高い人とか、あるいはいい人ぶりたいのだと思われるかもしれない。スマホで「ボランティア」を検索してみても、すっきりする言葉は見つからない。「自発的」、「無償」、「奉仕」、「志願兵」、「善意」、「公共性」、「公益」といった言葉が並んでいるけれど、言葉の意味までは説明されていない。奉仕だと書かれていることもあれば、奉仕とは違うと書かれていることもある。そもそもボランティアについて難しいことなんか考えず、ただ実践すればよいのかもしれない。

あなたはそういう風に考えているかもしれない。

「ボランティアとは何か?」と尋ねられて、答えるのは難しい。どんなにボランティア活動に熱心な人でも、ボランティアとは何かと聞かれたら、すぐに答えられる人は少ない。答えられたとしても、みんなが納得するものであるものにはならない。だから議論が起き、議論は尽きない。それが何かすぐに答えられないので、みんなが納得いく答えがでないので、生真面目な議論が延々と続く。だから、ボランティアって難しいと思われてしまう。だから、難しく考えなくていい、実践あるのみだとも言われてしまう。

目を転じてみよう。

「アルバイトとは何か？」を問われることは、「ボランティアとは何か？」を問われることより多くない。問われたとしても、すぐに答えは出るはずだ。「お金のために働くこと」、「働いてお金を稼ぐこと」……。キーワードは「お金」である。この言葉が出てくれれば、ほかの部分の表現が違っても、特に違和感は持たれないし、ボランティアほど侃々諤々の議論になることはない。「お金」の力はそれだけ強い。

しかし、僕たちが本当に働いた分に応じたお金（それを「対価」と呼ぼう）をもらっているのかと考えれば、様々な疑問が浮かぶはずだ。たとえば正社員と同じような仕事をしていたり、正社員と変わらない責任を負っていたりしても、支払われる給料は正社員とアルバイトでは違うことがある。これはおかしい。店長に頼まれて、タイムカードを押した後もサービス残業をすることもある。働いたのにお金が得られないということがある。「ブラックバイト」という言葉は、そんな問題から生まれた。

そういうことがあるのに、僕たちは働いて対価をもらうことがどこでも当たり前に存在しているという考えを、なかなか捨てることはできない。そもそも一時間の労働をすることが生み出す価値を、「時給○○円」で表すことには無理がある。お金以外のやりがいを感じているかもしれないし、自分が将来就きたい仕事に必要なスキルを身につけているかもしれない。友達をつくったり、恋愛の対象と出会ったりもするかもしれない。

「対価」という言葉は、多くのことを見えなくしてしまう。本来、僕たちはアルバイトや賃労働とされるものからも、多くのことを考えることができるにもかかわらず、それをすることがない。お金の力とは、「働いて対価を得る」の先について考えることを止めてしまうことそれ自体とも言える。

ボランティアとは何かすぐに答えられないことに、ボランティアという営みの可能性がある。お金を介したコミュニケーションが幅を利かせる世の中で、ボランティアはお金が幅を利かせる世界から距離を置いたところにある、と考えられている。だから「(お金にもならないのにやって)意識が高い」とも、「(お金にもならないのに汗をかくなんて)不合理」とも思われる。でもそんな風につっこまれることで、僕たちはボランティアについて様々に思いをめぐらせることができる。この活動に参加することで、いったい何が起きているのか？ この活動をするのは自己満足じゃないのか？ この活動は本当に世界のためになっているのか？……。同じことをアルバイトでも問うことができるはずなのだけれど、ほとんど問われることはない。

この本で、僕はボランティアとは何かについて生真面目に考えず、非真面目にゆるく考えてみる。

僕は、二〇〇七年から大学でボランティア学を教える教員をしている。大学のボランティアセンターの運営にもかかわり、ボランティアを実践する様々な学生たちと交わってきた。一方で、二〇〇〇年頃から、さいたま市の東部にある農的緑地空間である見沼《みぬま》田んぼの保全政策のなかで生まれた、「見沼田んぼ福祉農園」のボランティアをしている。ボランティア学を教える教員であることと、地元でボランティアをする一人であること、その往復のなかで僕はボランティアとは何かを考え、ボランティアをし、そしてボランティアを語ってきた。

さらに僕は、二〇一四年に解散した日本ボランティア学会という学会の会員として、栗原彬さん、播磨靖夫さん、楠原彰さん、小松光一さん、そして生前会うことができなかったが宇井純さんといったボランティア・市民活動の実践者や、ボランティアについて考え続けてきた研究者から多くのことを学んできた。この本は、そうやって出会った人、一人ひとりの顔を思い浮かべ、彼らに教えてもらったことを次の時代に生きる人びとに届けようと思って書いた。

ボランティアをめぐる議論では、ボランティアの三原則といわれるものがある。それは、自発性、無償性、公共性（社会性といわれることもある）のことだ。どの言葉も、僕たちが普段あまり使う言葉ではない。それに自発性とは何か、無償性とは何か、公共性とは何かが説明できなければ、ただ同じことの繰り返しになる。

実は、先ほどあげた、「いったい何が起きているのか？」、「自己満足じゃないのか？」、「本当に世界のためになっているのか？」という問いは、自発性、無償性、公共性ということを、ゆるく考えるための問いである。

ボランティアとは何か、どうあるべきかを大上段では議論しない。そんな風に議論しているうちに、気づけばボランティアについて議論されること自体が敬遠されているように僕には思える。

ボランティアの教科書のようなものは多く出ているが、僕はそれを読んでボランティアを魅力的に感じることはなかった。

この本では、ボランティアをしているあなたが、ボランティアに何となく興味を持ったあなたが、誰に問うでもなくつぶやいた「ボランティアってなんだっけ?」という問いを受け止めて、それをボランティア活動がおこなわれている現場から考えて、言葉をかえしていくこと、そんなことをしてみたい。そしてそれは、単にボランティアが何かに答えをだすことではなく、ボランティアというまく説明できない行為をしてしまう人間の面白さを明らかにするものでもある。

さあ、「ボランティアってなんだっけ?」から始まる旅を始めよう。

I　そこで何が起こっているのか？
――自発性が生まれる場所、自発性から生まれるもの

「ボランティアでは続かない」

ボランティア活動を始めたばかりの人たちの多くは、とても生き生きしている。学校や仕事の付き合いでは出会うことのない人たちと出会い、これまでしたことのない経験をする。自分の新しい一面が見えてきたり、暮らしている地域のイメージががらりと変わったりする。雲をつかむようだった「社会」という言葉が、少しだけ具体的になったりもする。振り返ってみれば、自分が見ていたのは限られた世界で、たとえば年齢の違う人と接点を持つことはなかった。社会的課題についてネットニュースを読んで知った気になっていたけれど、実際の現場と出会うことで情動を揺さぶられる。

僕自身も、見沼田んぼ福祉農園の活動にかかわり始めて、つまらない場所と思っていた地元に、多くの個性的な人がいることを知った。子どもたちと一緒に農業をするなかで、子ども嫌いだと思っていた自分が子どもと触れ合うことに喜びを感じているのに気づいた。農業や農園保全活動に必要な技術を一つ一つ学び、その奥深さに気づいたし、年長者のなかには自分の父親もいて、初めて彼に敬意を払い、彼から技術やものの見方を学ぶようになった。自分や地域、家族に抱い

ていたイメージが日々変わっていった。

そうやって生き生きとボランティアを始めていた人の情熱が、時間が経つとだんだん冷めていくことがある。活動がだんだん整理されていくなかで、思ったことが言えなくなって、決まっていることをこなすだけになってしまったら、熱は冷めていく。大学に入ってボランティアを始めた学生が上級生になると目が澱んでくることがある。よく話を聞いてみると、現場で自分たちが何をすべきかを自由に考えることよりも、これまでやってきた活動を継続するための業務に追われている。団体内部でも活動への違和感を含めて本音で議論することはないし、そもそもなんで活動するのかを考える機会もなくなっている。情熱が冷めていくなかで、活動に距離を置く人たちも出てくる。一参加者として責任のない立場でかかわるのはよかったが、責任を負う立場になるのは敬遠する人もいる。すると責任を負う人の負担感や孤立感は強まっていく。

「ボランティアでは続かない」という言葉が説得力を持つのは、そんな時だ。善意や使命感だけでは持続しない。持続的なものにするためには、対価がはっきりしなければならない。本当に必要な活動ならば、しっかり専従職員を置いてその生活を保障しなければならない。「ボランティアは商い(あきない)でないので、飽きるのだ」という言葉を聞いたこともある。僕自身もこの言葉にどこかで納得していた。

しかし、本当にそうなのだろうか?

ボランティアで始まった活動が持続性を高めていくために、特定非営利活動法人（NPO法人）や一般社団法人に移行していく。定款がつくられ、事務局ができ、会費や寄付の制度が確立されていく。専従職員となる人が出てくることもある。組織の体制が確立していく一方で、そもそもあった使命感が薄れ、活動の持続が目的となってしまう場合がある。有償で働く専従職員と、ボランティアの間に溝が生まれることもあれば、ボランティアとしてかかわる人が減ってしまうこともある。

「ボランティアでは続かない」ということはある面において正しいのだが、一方「ボランティアでないと続かない」ということも正しい。そんなことを、ある夏の体験で思った。

ある伊豆旅行

七月の週末、僕は静岡県の伊豆にいた。僕のかかわるNPO法人主催の夏の伊豆旅行に参加していたわけだ。参加しただけではなく、主催者の一人でもあった。幹事である幼馴染のチシマ君の補佐をしていた。

この旅行は、そもそもNPOの会員でもあるチシマ君の思い付きで始まった。

僕らがかかわる法人は、埼玉県にある見沼田んぼという地域で、障害のある・なし関係なしに農業しながら、地域のなかに様々なつながりをつくることを目指して活動している。

ある日、会員に呼びかけて法人が管理している農園で作業をし、その夜に懇親会をした。チシマ君は作業には参加しなかったのだが、夜の懇親会には参加した。そこで、彼と僕は伊豆旅行の思い出を語った。彼と僕は、当時それぞれの母親がかかわるボランティア団体の旅行で、毎年伊豆に出掛けて行った小学生時代がある。彼は、また伊豆に行きたいねえと語り、僕もそうだねえとあいまいに同意した。

この頃は実際に旅行に行くなど思ってもいなかった。

それからしばらく経って、ＮＰＯの関係者から「チシマ君が伊豆の旅行の勧誘を始めている」という連絡が入った。しかもチシマ君が勧誘した人のなかには、僕とチシマ君の共通の友人（ニシさんという）のお母さんも含まれているという。ちなみにニシさんは数年前に亡くなり、チシマ君と僕もその葬儀や一周忌に参列した。

驚くことに、チシマ君は宿や交通手段の手配はおろか、日程すら決めていなかった。ニシさんのお母さんも含めて誘われた人たちが参加を表明していることがわかり（会費も、日程も決まっていないのにすごい！）、僕はもう引くに引けないなあと思った。しかたないので、仕事の合間の時間を使って、小学生時代にチシマ君たちと泊まった埼玉県が経営する宿に連絡を取った。七月中旬の土日が空いていることを確かめ、仮予約を入れた。チシマ君に連絡をとると、この日は空いているという。そのほか、彼が誘ってしまった人たちにも手分けして連絡をとり、旅行の日程を確定した。移動するために、三五人定員のバスも手配した。なんだかよくわからないが、伊豆の温泉施設に旅行に行くという噂が広まっていくなかで、ＮＰＯの会員以外にも参加者はどんどん増えていった。総勢三〇名。最年長はニシさんのお母さんで七〇代半ば、最年少は一歳児。千葉で農業をやっている仲間も、骨休めがしたいといって参加を表明した。

そして迎えた旅行当日。売れないロック・ミュージシャンをやっているやまちゃんという若者はウクレレを持ってきた。朝から飲むのだといって、クーラーボックスに酒をいっぱい持ってきた人もいた。みんなで見るために、自分の家にあったDVDを持ってきてくれた人もいた。

バス移動の最中、マイクはマエダさんが握った。自閉症を持つ彼は、昔から驚異的な記憶力で高速道路網についての情報や沿線の風景について解説する人で、この日もバスの窓から見えてくる景色について解説してくれた。渋滞にさしかかって子どもが飽きてくると、DVDを上映したり、やまちゃんがウクレレを弾いて、みんなで歌ったりした。宿につくと温泉に入り、その後宴会が始まった。チシマ君は宴会のカラオケでも、一番にマイクを握って石原裕次郎の曲を歌って盛り上げた。その後、初めてカラオケを体験する子どもたちが歌ったり踊ったりしはじめ、それにつられて年長者もマイクを握った。マエダさんは、自分の好きなアイドルの曲を歌った。宴会は大いに盛り上がった。二次会もチシマ君の部屋でおこなわれ、それぞれが自宅で飲まなくなった酒を持ち込んだ。チシマ君は話題の中心にいて様々な人たちと語っていた。翌日のバスでは、チシマ君から来年もNPOの旅行が開催されることが発表され、参加者からは歓声が上がった。老若男女ともに、みんな、参加してよかったと語っており、旅行は大成功だった。

ニシさんのお母さんも、宴会で隣り合わせになった人にニシさんのことを語った。話を聞いていた人は生前のニシさんと面識はなかったのだけれど、延々と話を聞くうちにニシさんのことが頭から離れなくなったそうだ。

自発性——最初から本気でなくてもいい

さて、この旅行と、そこにいたるまでの準備・運営で何が起こっているのだろうか？

重要な点は、この旅行の幹事をしたチシマ君も、それも補佐した僕も、それを支えてくれた人たちもボランティアだったことだ。誰も金銭的な見返りをもらっていないし、自分の意志で準備・運営に携わっていた。

「自分の意志で」というのには、少し注意が必要だ。このように書くと、何か強い問題意識や使命感があったように読まれてしまうかもしれない。たとえば、障害のある人の社会参加が広がってほしいとか、障害のある人や高齢の人たちの余暇活動を充実させなければならないとか。もちろんこのような意識を持っている人はいるだろうし、僕のなかにも多少はあるのかもしれない。

しかし、そのような意識がある人だけが、この旅行のボランティアだったのではない。僕の場合は、成り行きということが大きい。もともと、NPOの関係者で旅行に行きたいという声が、チシマ君以外にもあるのは知っていたし、その人たちのために旅行を企画しなければとは思っていた。けれど、忙しい日常に流されて実行に移すことはなかった。チシマ君が声をかけ始めてしまったことが、僕をこの旅行のボランティアにした。予算を立てたり、お金を徴収したり、支払ったりするのは結構な精神的負担だったが、僕がお金の計算をしているときに、チシマ君が子どもたちのスイカ割りの仕切りをしてくれたり、忘れ物が発生したときに宿に電話してくれたりしたことで、肩をならべて活動する仲間がいることを感じて励まされた。一方で、マエダさんがガイドを買って出てくれたのも、目立ちたかったという意識が強いだろうし、やまちゃんがウクレレを弾いたことも、彼にとってはそれが楽しいということがあったはずだ。そうやって、みんなが周りにいる人たちのことを気にかけ、そして自発的に場を盛り上げてくれた。

ボランティアに参加する際、そこにたいした理由はなくてもいいと僕は考える。自分の暮らす地域をよくするため？　困っている人を助けるため？　友人に誘われたから？　気づいたら巻き込まれていたから？　なんとなく楽しそうだから？　余っている時間があったから？　経験したことのないことを経験するため？　面白い人と出会うため？　どんな理由であってもいい。場合によっては、言葉でうまく説明できなくたって構わない。どんな明確な、志の高い目的を達成しようとしていたとしても、活動をしていくなかでその目的は揺らいだり、別の目的を見出したりしてしまうこともある。

重要なのは実際に活動が始まってしまうと、あなたの前や傍らにはほかの人がいる点だ。その人は、あなたと違った経験をしているかもしれないし、あなたが普段の生活では会わない人かもしれない。何かを必要としているかもしれないし、あなたに何かを与えてくれる人かもしれない。彼らの話を聞いたり、話し合ったり、一緒に活動するなかで、あなたはこれまで見てきたのとは違った世界や、その世界が抱えている課題が見えてきて、そして活動をしている意味も変わり、新しい意味を手に入れたりするかもしれない。

伊豆の旅行でも、今まで出会えていなかった人たちや、出会っていても深い関係のなかった人たちがつながった。たとえば、NPOに昔からかかわる人が家族と参加した。彼の家族は県外出身で、埼玉に移ってから知り合いがあまりいなかったのだが、同じく子育て世代の人びとや、ニシさんのお母さんのような年長の人びとと知り合いになった。翌年の旅行の訪問先は福島県になったのだが、それは二次会でチシマ君と意気投合した人が福島出身で、来年の旅行の幹事を買って出てくれたことによる。何より、この旅行は障害のある人とない人の交流ということを前面に立ててはいないのだが、実際には障害のある人が多く参加し、そして普段障害のある人とかかわりのない人とも関係を深めることができた。いつもの旅行と違って、バス旅行の最後に歌謡曲を歌って終わるこの雰囲気が楽しかったと、ある参加者は語っている。そして、旅行後に参加した人同士が出会っても、共通の話題で話せるようになった。この旅行をきっかけにして、NPOの会員になってくれる人もいた。

社会学者の栗原彬は、ボランティアにおける人と人との関係について次のように語る。

パチンコやゲームセンターと違って、ひとりでなく共働する他の人がいます。しかし、会社や役所と違って、組織の歯車でなく、上下関係に縛りつけられてはいません。「はじめに私（と他の人）ありき」です。そしてどこまで行っても私と他の人の顔が見えています。つまり人間一人ひとりです。ただ、ばらばらでなく、肩を並べて、金もうけではない仕事に、共にからだを動かしているのです。こういう関係ですから、言い出しっぺがやる、ということになります。誰かの提言がいい案だと自分で判断したら、進んで協力するほうへからだが動いていきます。一人ひとりが自分のからだを動かす主体でありながら、肩を並べて助けあっていくのは、実にいい関係です。誰かが命令して誰かが従うという関係ほどボランティア活動や市民活動から遠いものはありません(1)。

重要なのは、一人ひとりの顔が見えた関係であること、そして一人ひとりが自分のからだを動かす主体であることである。

これはどういうことか？

「能力に応じて貢献し、必要に応じて与えられる」

伊豆の旅行は、言い出しっぺのチシマ君が動き始めたことで始まった。ボランティアとして、僕は自分の時間を使って、宿に電話をかけ、バス会社と交渉し、そして参加者リストをつくり、そして全体の会費を決めた。チシマ君や、ほかの参加者にも意見を聞いて宿につくまでの立ち寄り場所を決めて、スケジュールを立てた。実際の旅行中には僕が集金をした。参加者に事前に配るように、旅行のしおりも作成した。チシマ君は宿やバスの手配とか、お金の計算は苦手なのだが、彼は人見知りをしない性格で参加者のみんなと会話をし、そして宴会や二次会を盛り上げた。逆に僕は、カラオケを好きではないし、宴会のときはあんまり人とたくさんしゃべる性格でもないので、会の盛り上げにはあまり貢献できなかった。支払いは彼と僕で一緒にし、その後彼が参加者を代表して、宿の人にお礼のあいさつをした。参加者の一人が忘れ物をしたのがわかると、彼は宿に電話をかけて確認をしてくれた。

ほかにも、マエダさんのようにバスガイドを買って出てくれた人や、多くの人が読めるようにと、僕がつくったしおりにフリガナを振って印刷してくれた人、写真を撮影して旅行の後に共有してくれた人がいる。また、この旅行では介助者とともに参加する障害のある人もいれば、介助者はおらず必要に応じて様々に手助けを受ける障害のある人や、高齢の人がいた。僕のように、親一人で二人の子どもを連れてきた人もいた。そして、親が面倒を見られない時間に子どもと一緒に遊んだり、風呂に入れてくれたり、トイレに連れて行ってくれた人もいる。

この旅行のために、それぞれの人が自発的に自分の力を差し出し、またそれぞれの人がその必要に応じて手助けを受けられたことで、三〇人の旅行が企画され、実行できた。旅行会社にお金を払い、パックツアーに参加すればもっと楽だっただろうが、その場合、これほど多くの人たちの個性が活かされることはなかったはずだ。マエダさんの交通に関するすばらしい記憶力や、知的障害のある人や子どもたちのためにと漢字ばかりだったしおりにフリガナを振り、難しい言葉を言い換えてくれた人の配慮も、学生と一緒に何度も団体旅行をしている僕の経験も、チシマ君の社交性も、そして彼の無計画な段階で人を旅行に誘ってしまう無鉄砲さすらも一つの力となった。さらにいえば、チシマ君が懐かしい死者のゆかりの人にも声をかけてしまった行為が僕の背中を押したことを考えれば、もしかしたら死者すらも力を与えてくれたとも言える。

ボランティアについて考えると、支援する人とされる人という見方をどうしてもしてしまうのだが、現場を丁寧に見てみると、このように、能力に応じて貢献し、必要に応じて与えられる関係がよくあらわれる。この関係については、次の章で詳しく論じよう。

ネットワーキング――出会いから広がっていく、出会いから変わっていく

一人ひとりが自由で、個が活かされながら、ほかの人と共働する結び合いを「ネットワークする」という意味で「ネットワーキング」と呼ぶ。すでにできあがったネットワークに参加するのではなく、誰かが入ったり、離れたりすることで、ネットワークが膨らんだり、縮んだりするイメージだ。そして、そのなかにいる人が生き生きとしていれば、それがほかの人たちにも影響を与えて、ネットワークも生き生きとしていく。そして、家族、友人、地域や仕事の関係など既存の人脈を利用しつつ、それぞれの範囲を飛び越えながら融通無碍に広がっていく(2)。

どういうことだろう？　以下、僕自身の経験を少し現代風にアレンジして書いてみる。

あなたが、同じ大学の友人と一緒に地域の子どもたちのために何かをやろうとする。あなたは年下の弟や妹の面倒を見てきたので、子どもたちと付き合うのは得意。一方、友人は大学のある地域にも貧困状態の家庭があることを知り、子どもたちに対して何か余暇支援ができないかと考えている。二人で話をしているうちに、一緒に何かをしようと考えた。これが最初の段階。何かをしようとは思ったが、何をしたらいいのかはわからない。

ひとまず、仲間を増やそうと思って親しい友人のＬＩＮＥグループに投稿してみた。すると、大学からバスにのって行けるところにある農園でボランティアをしている友人が、興味を持って

くれた。彼は農園で子ども向けの農業体験イベントをやったらどうかと言ってくれ、農園の代表者に話をしてくれるという。三人で農園の人に話をしに行くと、子どもたちと何かをやることについては賛同してくれた。しかし、実際に子どもたちと何ができるのか、刃物や農業用機械など危険な道具が置いてあるなかで、事故を起こさない体制をつくるよう注意された。この点はすでに農園で活動をしている仲間がいるので、具体的な安全策を考えることができた。では実際にどうやって子どもを集めるのかを仲間で話し合い、毎月一回農園で農業体験イベントを開催することになった。同じ大学のボランティア・サークルがすでに地元の学校で活動をしていたので、広報に協力してもらうことになった。そちらのサークルからも、当日の手伝いとして参加してくれる人が出てきた。これが第二段階。実際に動き始めて、活動が具体的になっていく。新しい出会いも様々に起こる一方で、活動をしていくなかでの一体感も生まれていく。

実際にイベントを開催してみると、思わぬ形で参加者が集まっていった。一回目に参加した子どもが次の会には兄妹や友人を連れてきた。地域の情報誌に記事が掲載されて参加者が増えた。イベントの様子をＳＮＳで公開したら、次々にシェアされていった。子どもや親たちだけでなく、環境教育や農業に関心のある学生や社会人がボランティアをしたいと集まってきた。彼らの経験が企画にも活かされて、体験講座の内容はだんだんと専門化されていった。会議も定期的に開かれるようになり、助成金でキャンプをするためのテントや調理器具を買いそろえた。助成金の申請のためには規約や決算書、活動報告書が必要なため、そのような事務処理をするための事務局がつくられた。そんななかで、イベントの企画よりも農作業に興味を持ち始めた仲間から、子どもたちに農業体験をさせることよりも、自分たちがしっかり農業を勉強すべきだという声も出てきた。彼らのなかには、地方の専業農家のところに研修に行く人もいたし、そこで知り合った農家を農園に招いて大人向けの農業講座が企画されたりもした。やがて、子どもたちへの農業体験を重視する立場と、学生自身が農業を学ぶことを重視する立場の違いが生まれ、活動の方針をめぐる議論がなされるようになった。これが第三段階。活動が広がるなかで、新しい視点がもたらされ、活動自体の意味をめぐる議論が生まれる。その先に、活動自体の見直しが起こるかもしれないし、活動の分裂が起きるかもしれない。

第一段階では単なる思い付きでしかなかった。第二段階では、これまでかかわりのなかった人たちが出会い、一人ひとりの知識やスキル、人脈が結び合って、企画が実現された。第三段階では活動に加わる人びとが増えて、活動の専門化と多様化が進んでいく。事務局や規約など活動基盤、ホームページなどの広報ツールも整備される一方で、自分たちが何を目指して活動するのかの対立が起こる。多様化していく活動のなかで、違和感を抱いて出ていく人もいる。

注意して見てほしい。一緒に団体を立ち上げた友人の関心は子どもの貧困問題だったのだが、次第に活動は子どもたちの農業体験／環境教育にシフトしており、そこからさらに農業への関心が生まれている。このような変化のなかで、友人には自分の当初の思いとつながるものを見出していくのか（たとえば、農業体験に来ている子どもたちのなかに貧困につながる問題を見出すのかもしれない）、それとも流れに身を任せて当初の問題意識を忘れてしまうのか（たとえば、専業農家と出会って農業の面白さに心を奪われるのかもしれない）、それとも自分のやりたいことはここにはないといって去っていくのか、三つの方向があるだろう。

他者に応答すること、変化を恐れないこと

活動がだんだん整備されていくなかで、思ったことが言えなくなって、決まっていることをこなすだけになってしまったら熱は冷めていく。

そんな時に、ただ「本音で語ろう」と生真面目に呼びかけても、意味はない。活動以外の時間に一緒に飯を食ったり、酒を飲んだりすること、たわいもないことやまとまっていることを気楽にしゃべること、そうやって自分や活動する仲間、支援の対象と考える人たちの心の動きを気に掛ける必要がある。時には自分たちの活動の視野を広げるために共に旅をすることや、違う分野で活動する人を呼んで話を聞くことも大事だ。そうすることで、自分たちの活動に凝り固まらず、誰かがおもむろに語った意見や、思い付きのアイデア、弱音をくだらないことやささいなことと片付けず、そこに潜んでいる可能性を見出そうとすることができる。

自発性を大切にするということは、自分や他者が感じる様々な気づき——場合によって、それは活動への違和感も含むだろう——を大切にすることであり、決められた活動をただ継続することでも、いつの間にかできてしまったルールに縛られることでもない。現場の多様な人びとの声に耳を傾けて、自分たちの活動がそこから離れてしまっていたら、活動を転換してもいいし、場合によってはやめてしまってもいいのだ。

僕の経験を語ろう。僕がボランティア仲間とともに子どもたちの農業体験イベントを始めてから一年が経つ頃、イベントに参加している子どもたちのなかで、小学校高学年の子どもたちがイベントのない日にも農園に通うようになった。連絡もなくやってきたので最初はびっくりしたが、追い返すわけにもいかず、気づけば彼らと一緒に農作業をするようになった。彼らのことをサッカー少年団のように、「のうぎょう少年団」と名付けて、保護者会も定期的に開いた。この時は子どもたちに応答し、彼らと一緒に農園活動をした。

しかし、コアになっていた子どもたちが中学生になると農園にほとんどこなくなった。一方で、のうぎょう少年団への参加を希望するのが小学校低学年よりも小さい子どもたちばかりになった。すると、子どもと一緒に農作業をするということよりも、農園で子どもたちと遊ぶことが活動の中心になっていった。畑の管理は追いつかなくなり、子どもが焚火に不用意に近づいたり、危険な道具を使おうとしたりといったことが頻発していった。僕らは、小さい子どもたちの世話をすることと、畑の世話をすることの間で揺れた。

そんななかで、農園の内部から、自分たちがやらねばならないのは農業であって、子どもの受け入れではないのではないかという声が上がった。ある日の会議で僕たちは夜通し議論し、のうぎょう少年団の活動をやめた。子どもの受け入れは月一回のイベントに限定し、しっかり野菜をつくることに集中することになった。子どもたちを受け入れたために畑を荒らしてしまうのは、本末転倒であるとみんなが理解したのだ。同時に、子どもたちとつながるだけでなく、同世代の農業に関心のある仲間をつなげていくという方向性が打ち出されて、やがてそれが農家の後継者や地域づくりに関心を持つ大学のゼミとの出会いを生んでいった。

のうぎょう少年団の活動をやめることはもちろん苦渋の選択だったし、そのことを親子に伝えるときに感じた胃の痛みは今も残っているけれど、僕はその選択は間違いだったと思っていない。この選択は、子どもやその親たちの声を無視しているように見えるだろう。しかし、僕たちは子どものことばかりを考えて、畑自体が荒れていくことに無頓着になっていた。畑が雑草に覆われれば、雑草の種が飛び近隣農家にも迷惑をかける。何より、当時は畑に育つ作物や、作物を育てる土の声を聴く力が弱かった。そのことへの気づきが、活動の転換につながった。

頼りない〈私〉たちの自治、頼りない〈私〉たちのやさしさ

伊豆の旅行も、計画が詰められていないのに人を誘ってしまったチシマ君の自発的な行動を、彼の暴走と片付けなかったことで始まった。それは、チシマ君以外にもＮＰＯにかかわるみんなで旅行に行くことを期待している人たちがいること、自分自身のなかにもその気持ちがあることに気づくことであった（旅行の前日、僕は子どもの頃のように興奮して眠れなかった）。実際に旅行が始まると、参加した人たちの声や、子どもたちの歓声も聞こえてくるようになった。亡くなったニシさんの存在も、旅行が始まる前から気にかかっていた。帰り際、参加した人たちから「来年もまたやりましょうね」とか、「来年もこの旅行で会いましょうね」と言われることで、いろいろ大変だが来年もがんばってやろうという気持ちにもなった。

自発性とは、そうやって自分でない人の声を聴き、自分でない存在のことを気にかけるなかで生まれる。

自発性といえば、力強い個人が強い意志を持って行動するように思われる。ネットワーキングというと、コミュニケーション力が高い人たちがスマートに関係を広げ、アイデアを実現させていくように思われる。もちろんそうやって始まるボランティア活動もある。中途半端なところで投げ出されてしまったら、困ってしまう現場もある。

しかし、頼りない一人がおずおずと始めてしまったことを周りが受け止め、彼だけでなくその周りにいる人たちの声や、自分自身の内なる声に耳を傾けるなかで始まることもある。そうやって始まったことが、様々な形で反響を呼び、そしてかかわった人たちにとって大切な動きになっていく。頼りない〈私〉たちが、お金の力に頼ることなく、国や大きな権威にお墨付きをもらうこともなく、自分たちにとって生きることを励ます営みを生み出すこと、それを僕は〈自治〉と呼びたい。自治とは、誰かに支配され、コントロールされたり、誰かに所有され管理されたりしない、自分やほかの生命を大切にしたいと思う〈やさしさ〉から生まれる。

NETWORKING

Ⅱ　それって自己満足じゃない？——無償性という難問

「ボランティアって自己満足？」

　ボランティアをしている学生たちと話をしていると、自分たちのやっていることは本当に役に立っているのかとか、自己満足ではないかという言葉をよく耳にする。支援の対象になっている人たちにとって意味のあることだったのか？　自分たちの善意を支援の対象や、一緒に活動する人に押し付けていないか？　そんな問いが発せられる。

　結論から言ってしまえば、僕はそういう問いが発生しやすいことがボランティアの特性であり、そしてそういう問いを抱え続けざるを得ないことこそがボランティアという営みの肝であると考える。たとえば親の子どもに対する愛情にしろ、自分の恋人や友人に対する心遣いにしろ、それが自己満足であるかもしれないという問いかけを失ってしまったら、どこかで独りよがりになって、そして相手とのズレは広がっていく。自己満足ではないかと問うことで、自分のやっていることや、他者との関係について問い返し、反省し、そして修正していくことができる。目の前に生々しく他者があらわれてしまったら、そしてその人に対して、あるいはその人とともに何かをやろうとしたら、一〇〇点の答えなどない。だから悶々と悩まざるを得ない。

　であれば、悶々と悩まないほうがおかしいとも考えられる。「ボランティアは自己満足？」問題を考える際に、僕が学生たちに必ず聞くのは、では「アルバイトは自己満足ではないのか？」という問いだ。「アルバイトが自己満足だとしたら、どんな点なのだろうか？」という問いを重ねることもある。そして、「なぜアルバイトは自己満足と言われることが少なく、ボランティアは自己満足と言われることが多いのか」を考える。

学生たちの多くは、アルバイトはお金という対価がもらえるから自己満足ではないと答える。ではなぜお金が必要なのかと問えば、それは自分の暮らしに必要なものや、自分のしたいことをするための手段であると答える。生活必需品を買う。友人と食事をする。恋人や家族と出かける。大学の授業料を払う。家賃を払う。そのすべてにお金は必要だ。

しかし、アルバイトが絶対に自己満足でないと言えるのかと問われれば、誰もが首をかしげるはずだ。まず、お金を稼いだからといって、お金があったからといって、幸せだとは限らない。アルバイトにあけくれて、友人と遊ぶ時間がなくなってしまうこともあるかもしれない。アルバイトに精を出したその次の日に、不慮の事故で死んでしまうかもしれない。それに、アルバイトしている企業の製品は発展途上国の児童労働によって製造されているかもしれないし、またその企業活動によって貧富の格差や、環境の破壊をもたらしているかもしれない。であるならば、給料という対価のために働くことは自己満足と言うことも可能だ。

重要なのはアルバイト（「賃労働」と言ってもよい）を自己満足であると言うのは可能だが、そう言われることがほとんどない点だ。一時間の労働を時給という形で「お金」に変換し、対価としてもらう。本当は自分の労働はお金を得る以外の意味を持っているはずなのだが、そのことは考えなくてもよくなる。「考えなくてよくなる」のは、「〈考えなくてもいいこと〉になる」のとは違うのだが、いつの間にか一緒くたにされて、考えなくなってしまう。逆に言えば、無償の行為である、対価が発生しない行為であるとされているから、ボランティアには「自己満足」問題がついてまわる。

「やりがい搾取」――東京五輪ボランティア問題

「自己満足じゃないの？」という問いかけは、ボランティアをする人自身の自問自答だけでなく、ボランティアをしている人に対して外から投げかけられる問いでもある。たとえば、あなたは善意でやっているというけれど、実は何かほかに目的があるのではないか？　本当に目的がないのだとしたら、それこそ自己満足ではないのか？　無償ってことは、ボランティアを受け入れている団体に安く、都合よく使われているだけではないのか？　そんなことが問われる。

ボランティアが都合よく利用されているのではないかという論点について無視できないのは、二〇二〇年の東京オリンピック・パラリンピック（以下、東京五輪）をめぐる議論である。

公益財団法人東京オリンピック・パラリンピック競技大会組織委員会（以下、組織委）は、二〇一八年三月に東京五輪の実施のために一一万人のボランティアが必要と発表した。内訳は、組織委が募集し、五輪会場周辺での業務をおこなう「大会ボランティア」が八万人、東京都オリンピック・パラリンピック準備局が募集し、国内外の旅行者への案内を主な業務とする「都市ボランティア」が三万人である。このうち大会ボランティアは、「二〇〇二年四月一日以前に生まれている」、「活動期間中において、日本国籍を有し、又は日本に滞在する在留資格を有する」を条件とする。加えて、組織委が指定する研修に参加が可能なこと（オリエンテーション、共通研修、役割別研修、会場別研修がある）、大会期間中、大会期間前後を通じて、合計一〇日以上活動できること（一日の活動時間は、休憩・待機時間を含む八時間。シフト等によって一〇日を下回る場合もある）等が必要となる。ボランティアは無償で、制服と食事を提供されるほかは、遠方からの参加者が宿泊する場合なども自己負担になる。

ノンフィクション作家の本間龍は東京五輪のボランティアについて、現在の五輪が莫大な商業的利潤を発生させる前提で運営されており、ボランティアを大量に動員することは「やりがい搾取」であるとする(3)。実際、招致から実施まではすべて有給のスタッフでなされており、多くのスポンサー企業も自社の利益になると見込んで巨額の協賛金を供出している。大会ボランティアは、来賓のアテンドや、ドライバー、外国語の通訳、トレーナーや理学療法士、ドーピング検査のサポートなど専門的知識や技術が必要な仕事まで含まれる(4)。また、ただでさえ夏に開催されるオリンピックは炎天下での活動や、炎天下を避けるための早朝の活動も含み、熱中症の危険もある重労働になることが危惧されている。

本間の批判は、スポーツや平和の祭典という理念に共感する人びとの「五輪を支えたい」という自発性を、組織委が巧みに利用し、商業イベントとなった五輪を安上がりに実施できてしまうという点にある。

五輪ボランティアを肯定する立場

組織委は、本間からの質問を受けて、ボランティア無償の理由を、「一生に一度の舞台を提供し、多くの人々と感動を分かち合えるから」、「一丸となって五輪を成功させ、世界中の人々と触れ合える場だから」と回答している(5)。

ボランティアの立場で五輪ボランティアを推奨する人びとも、「楽しみ」や「満足感」を強調する。五輪ボランティアを推奨する立場の西川千春は、本間との対談で「厳しい条件もあるのになぜやるかというと、一つは楽しみで、好きなイベントの当事者として参加できること。やりがいというのはやってみてわかることで、有償、無償の議論もあるが、金銭目的ではない」、「世界中の人と一緒に仕事ができて、いろいろな人、将来の友達になる人に出会える。得られた満足感、達成感がモチベーション。人生最高の二週間だと思っている」と語っている(6)。

五輪ボランティアに楽しみや満足感を感じる人に対して、「やりがい搾取」を指摘する本間の批判は届かないと、僕は考える。ボランティアを利用して五輪のコストカットをしている構造は理解するが、その上で五輪ボランティアをやりがいのあるものに変えようとする意識を持つ人はいる。たとえば西川も組織委に対して、ボランティアとして参加する人に敬意を払い、温かい食事や快適な休憩スペースの確保をすること、東京五輪の理念や目標を具体的に打ち出すことを求めている。そのような内側から五輪ボランティアを変えていこうとする自発性も、東京五輪に対する世間の批判を和らげるものであり、結局は組織委にとって都合のいいものだ。「やりがい搾取」と批判もできる。けれども、言われた側の中にはその「上から目線」や「外からの論評」に反発を感じる人もいるはずだ。僕は商業イベントと化した東京五輪に賛同しない立場だが、ボランティアをめぐる議論の仕方は別にあると考える。

さらに、本間や本間の議論を援用して五輪ボランティアを批判する人たちが、震災（災害）ボランティアについては「公共性がある」として無批判に受け入れてしまうことについて、僕は強い疑問を感じる。実際、震災に関連するボランティアについても、たとえば東日本大震災・東京電力福島第一原発事故発生直後におこなわれた「除染ボランティア」など、本来、国や原因企業が責任を持っておこなうべきと考えられるものも含まれている。二〇一九年九月の台風一五号では千葉県を中心に大きな被害が出た。この時、被害を受けた住宅の屋根に上ってブルーシートを張る作業のボランティアを募集した自治体に対し、危険を伴う高所作業であり、プロに正当な報酬を支払っておこなうべきとの批判の声も上がった。

ボランティアと公共性をめぐる論点についてはそれほど単純ではない。このことは次の章で掘り下げて考える。

「ボランティアに無償性はない」

やりがいをめぐってかみ合わない印象の本間と西川だが、僕にしては不思議に思える点で考えが一致している。

それは、両者ともにボランティアの無償性を否定している点だ。本間は、ボランティアは志願者や奉仕者であり、本来の意味として無償性はないと言い切る。西川も「有償か無償かという議

論がありますが、私からみると金銭が目的ではないので、どちらでもあまり関係がありません」と語る。(7)

無償性を放棄することにとどまらず、ボランティアには対価があるのだという主張も出てきている。リクルートワークス研究所は『東京二〇二〇大会のボランティア・レガシー』において、五輪ボランティアによって、これまで「奉仕活動」や「自己犠牲を伴う活動」という印象だった「ボランティア」のイメージが劇的に刷新されるとする。(8)新たなボランティアとは、「自発的に取り組む」というボランティアの本来の意味に立ち返りつつ、人びとのライフキャリアを豊かにする機会となるものだ。たとえば、五輪ボランティアへの参加を通じて、「ビジネスパーソンが新たな余暇の時間の使い方を、あるいは退職したシニアが地域社会に活躍の場を、そして主婦・主夫が再就労の機会を得るなど、新たな役割を獲得することができれば、ボランティア経験を通じて個人のライフキャリアにレガシーをつくり出す」ことができる。このレポートにおいて、ボランティアとは「社会貢献の一端を担うとともに、何らかの目にみえない多様な対価を提供するもの」とされる。対価は具体的に「「遊び(余暇)」の充実や、「学び」の機会、「就労へのステップ」など、参加者の志向に応じて多様な形をとり得る」としたうえで、「ボランティアは一方的に与えているようで、実際にはみえない価値を交換する活動なのである」と言い切る。

無償性はめんどくさい――贈与のパラドックス

ボランティアをしている人たちにとっても、無償性はめんどくさい問題だ。逆に言えば、無償性がなくなってしまえば、ボランティアをめぐる問題はシンプルになり、「自己満足」問題にも悩まされることが少なくなる。ボランティアにはお金という形ではないかもしれないが、対価はある。だから、自己満足ではない。そう力強く語ることができるはずだ。

この無償性のめんどくささについて、社会学者の仁平典宏は「贈与のパラドックス」という言葉で説明する。仁平は、贈与のパラドックスを「本人の意図がどうであれ、隠れて得ているはずの「報酬」こそが真の目的であると「暴露」されてしまうような、あるいはそのような疑念を招き寄せてしまうような言語ゲーム」であると言う[9]。ここでの報酬は、対価と言い換えてもよいだろう。

わかりにくいので具体例を挙げよう。あなたが誰か困っている人に何かをしてあげたとする。見返りを求めてやったのではなく、困っている人を助けたいという気持ちに突き動かされたとあなた自身は思っている。しかし、あなたの内面は誰にも見えない。だから、周りから、本当は、「困っている人を助けている姿を見せて、自分の評価を上げたいのでは

ないか」とか、「そうやって善行をつんで、死後に天国に行こうとしている」と指摘されたり、あるいは指摘されなくても、心のなかで思われたりするのを防ぐことはできない。仮にあなたの内面を疑われることがなかったとしても、「そうやってあなたが無償で誰かを助けてしまうことで、本当はそれをすべき○○が仕事をしなくなる」と言われることもある。この○○はたとえば政府が入る。五輪組織委を入れれば、やりがい搾取の議論にもつながるはずだ。このように贈与は常に、贈与と反対のものを見出されてしまうというパラドックスを抱えている。だから贈与をする人（無償の行為をする人と言い換えてもいい）は、自分を「真の慈善」として示すことを迫られる。

贈与と交換

話を前に進める前に立ち止まって、贈与とは何かを確認したい。贈与について、文化人類学者の中沢新一は次のように語る。

贈与において重要なのは、じつは贈り物となるモノではなく、モノの移動を媒介にして同じ方向に移動していく、流動的で連続性をもっているなにかの力の動きなのです。その「なにかの力」を表現するために、よく「信頼」や「友情」や「愛情」や「威信」などといったことばが使われます。(10)

贈与はモノそれ自体よりも、それに込められた誰かの気持ちや感情など人格的な要素を重視する。大切な誰かに贈るプレゼントは、そのプレゼントだけが重要なのではない。そこに込められた、贈る相手への気持ちこそが重要だ。これに対して、交換はモノそれ自体が重視される。交換されるモノの典型は、商品だ。何かの欲求を満たすために、人は商品を買う。おなかがすいたからコンビニで弁当を買う。重要なのは空腹を満たしてくれるかどうかで、コンビニ弁当をつくった人や、売った人のことは普通考えない。お金を払ってしまえば、売ってくれた人との関係は清算される。

中沢は贈与と交換のそれぞれの原理を、次のように整理する。

〈贈与の原理〉

① 贈り物はモノではない。モノを媒介にして、人と人との間を人格的ななにかが移動しているようである。

② 相互信頼の気持ちを表現するかのように、お返しは適当な間隔をおいておこなわれなければならない。

③ モノを媒介にして、不確定で決定不能な価値が動いている。そこに交換価値の思考が入り込んでくるのをデリケートに排除することによって、贈与ははじめて可能になる。価値をつけられないもの（神仏からいただいたもの、めったに行けない外国のおみやげなど）、あまりに独特すぎて他と比較できないもの（自分の母親が身につけていた指輪を、恋人に贈る場合）な

どが、贈り物としては最高のジャンルに属する[11]。

〈交換の原理〉

①　商品はモノである。つまり、そこにはそれをつくった人や前に所有していた人の人格や感情などは、含まれていないのが原則である。

②　ほぼ同じ価値をもつとみなされるモノ同士が、交換される。商品の売り手は、自分が相手に手渡したモノの価値を承知していて、それを買った人から相当な価値がこちらに戻ってくることを、当然のこととしている。

③　モノの価値は確定的であろうとつとめている。その価値は計算可能なものに設定されているのでなければならない[12]。

バレンタインにチョコレートを渡したとき、「これいくらかかったの？　その分払うから」と言われたら興ざめする。それは贈与としておこなったことを、交換として対応されたことによる。バレンタインはその場でお返しをせず、一か月後のホワイトデーで返す。すぐに返さないからこそ、お返しまでの間、関係が持続する。贈ったモノと、お返しされたモノが、同じ価値であるかどうかは確定できない。だから、自分が贈ったよりもいいモノをもらってしまったと思えば、次の機会によりいいモノをあげようとする。そうやって、また関係が持続する。重要なのはモノではなく、モノを媒介に引き延ばされていく関係である。

この贈与と交換の原理を頭に入れて、次に進もう。

贈与から交換へ――ボランティア・NPO・CSR・社会的企業・プロボノ……

仁平の『「ボランティア」の誕生と終焉』は、日本において「ボランティア」や「奉仕」、「慈善」といった概念をめぐる語りが、いかに贈与のパラドックスに向き合って来たかを歴史的に考える本だ（五〇〇頁を超える分厚い本で、読むのは相当な根気がいる）。たとえば戦中の日本では、「天皇」の存在が贈与のパラドックスを発生させなかった。国民の国家や世間への「奉公」は、天皇から与えられた無限の恩恵に報いるための行為と考えられた。国民は、現人神《あらひとがみ》である天皇から与えられた無限の恩恵に報いるために時には自分の命すら差し出して滅私奉公するが、決して恩恵に報いつくすことはできない。贈与のパラドックスなどに悩んでいる暇などない。絶対的な存在がおこなう贈与は、それに対する見返りが不可能という点で「純粋贈与」と言われる。

経済成長を経て、物質的な豊かさにあふれるようになった一九八〇年代においては、ボランティアは「生きがい」や「楽しみ」、「自己実現」など心の豊かさと関連付けて語られるようになった。入学選考や、就職採用の人物評価にボランティア経験が利用されるようにもなった。さらに、高齢者や障害者へのホームヘルパーのニーズが高まる一方、ヘルパーの供給が滞る（ヘルパーを雇用するための予算は増えない。一方で、無償のボランティアでは必要な人が集まらない）なか、最低賃金以下の金銭的報酬を支払う「有償ボランティア」に関心が向けられるようになった。「金銭的報酬」が最もわかりやすいが、「生きがい」、「楽しみ」、「自己実現」、「人物評価」もボランティアによって得られる「対価」である。仁平はここに、「贈与」の文脈で語られていたボランティアが、対価を得る「交換」の文脈で語られるようになっている様を見出す。ボランティアはもはや贈与ではない、交換である。ここまでくれば、「ボランティアは無償ではない」という五輪ボランティアをめぐる語りまでほんの少しである。

一九九〇年代以降、NPO活動が注目を集め、一九九八年には特定非営利活動促進法(NPO法)が成立するようになると、ボランティアよりもNPOについての語りが増えていった。NPOの中核には「無償性」ではなく、「非営利性」がある。非営利性とは、事業を通じて利益をあげたとしても、組織の成員で分配しないという意味である。すでにボランティアをめぐる語りが贈与から交換へ移行していっていたが、NPOはさらに交換の要素が強い。そして、NPOに続いて、CSR、社会的企業、社会的起業家、プロボノ、BOPビジネス、さらにいえばエシカル消費やSDGsなど、交換と贈与の間にある様々な言葉が流行していった[13]。ボランティアという言葉が使われるのは、無償であるのが当然であると考えられる領域や、学校教育の現場に限られていった[14]。

阪神淡路大震災が起きた一九九五年がボランティア元年といわれるが、近年ボランティアをめぐる語りも、ボランティアをする人の割合も減少する傾向がみられる。朝日新聞においてボランティアが見出しになった記事は一九九五年がピークで一七一件、二〇〇〇年は六〇件で、二〇〇五年は二六件になった[15]。東日本大震災のあった二〇一一年は一〇六件に増加するが、二〇一五年には一六件になっている[16]。社会生活基本調査で「過去一年間にボランティア活動を行った人」の割合は、二〇〇一年から二〇〇六年では三三パーセントから二九パーセントになった。東日本大震災が起きた二〇一一年でも二六・三パーセントで減少傾向は止まらず、二〇一六年調査では二六・〇パーセントとなっている。

ボランティアが語られることや、そもそもボランティアをする人が減っていくなかで、久しぶりにボランティアが声高に語られ、議論を巻き起こしたのが東京五輪ボランティアだった。しかし、そこにおいて、贈与のパラドックスを伴う「無償性」は放棄されてしまったように見える。

ケアの論理

ここで疑問が出てくる。

それは、贈与のパラドックスは解消する必要はあるのかという問いであり、なぜ私たちは贈与のパラドックスを解消しようとするのかという問いである。

仁平も贈与のパラドックスを指摘されることに怯んで、交換の原理や、神による純粋贈与というアイデアを持ち込んでしのごうとするのではなく、贈与のパラドックスの指摘に向かい合いながら、他者のもとへ自らを配送させていくことを断念しないことにささやかな希望を見出す[17]。目の前にいる他者に対しておこなう自分の活動が「自己満足ではないか？」と自問自答しながら、それでもより他者に近づこうとする。他者のもとへ自らを配送させるのを断念しないということは、そういうことだ。それだけではない。「あなたのやっていることは自己満足だ」と言われたとする。それを「もっともだ」といったんは肯定する。活動の現場で求められていることに十分に応えられているかどうかわからない以上、自己満足ではないかという批判は否定できない。そのうえで批判した相手に、「ではあなたは世の中を変えるために何をしているのだ」と問い返す。私はそれでも現場で格闘しているが、あなたは何をしているのか、と。[18] この時、贈与のパラドックスに向かい合っている私の苦悩は、わずかであっても相手に伝えられる。そうやって自己満足だと論評する人間も巻き込みながら、他者と一般社会の境界線を越境していく。

このことをさらに深く理解するために、目先を変えて「ケア」ということについて考えたい。以下、文化人類学者松嶋健の議論を参照する。[19]

僕たちは、ケアということを考えるとき、それはケアする人と、される人の関係であると考えてしまう。

しかし、松嶋はケアとはケアする人(たとえば医者やケアワーカー)とされる人(病気の患者や障害のある人、高齢者など)の二者間の行為でなく、家族、関係のある人びと、同じ病気・障害・苦悩を抱える人、薬、食べ物、環境などのすべてからなる協働的な作業だとする。ケアの出発点は、人が何を欲しいと言っているのかではなく、何を必要としているかだ。それを知るためにはケアされる人の意思を聞くだけではなく、その人がどういう状況で誰と暮らしていて、何に困っているのか、どのような人やテクノロジーの支援を受けられるのか、その支援を受けることでその人の暮らしが以前とどう変わってしまうのかなどについて理解しなければならない。苦悩するのはケアされる人や、ケアする人だけではない。家族や関係のある人すべてが苦悩する。そして、状況を改善させるために、誰か一人ではなくかかわる人やもののすべてとのかかわり合いのなかでケアがおこなわれるという意識を持つ必要がある。

基盤的コミュニズム

松嶋はケアの場面において、「各人はその能力に応じて貢献し、各人はその必要に応じて与えられる」という第一章（一六―一七頁）で見た原理がはたらくと言う。文化人類学者デヴィッド・グレーバーは、この原理を「コミュニズム」と呼ぶ[20]。

「コミュニズム」は、「ヒエラルキー」や「交換」と対比される。「ヒエラルキー」は、力の強いものが力の弱いものを服従させてよい／力の弱いものが服従しなければならないというモラルだ。教師の言うことを生徒は理不尽だと思っていても、成績をつける権力を持っているのは教師なので黙って従う。腕っぷしの強い人間に殴られるのが怖いので、言うことを聞く。みんなから尊敬されている人間に嫌われると、みんなから嫌われるので、自分は尊敬していないけど、尊敬しているふりをする。「交換」は、上下関係があろうとなかろうと、何か物事をした際に相応の見返りがあるのを想定する関係である。あなたがあげたものと同じ価値を持つものを、それをもらった人があなたに返す。あげたものがスイカだとしたら、そのスイカと同じ価値の分だけ、リンゴだったり、お金だったり、労働だったりを返す。自分があげたよりももらったものが少なければ相手を叱責し、多ければ逆に相手から叱責される。アルバイトなどの賃労働も、交換のモラルの上に成り立つ。

コミュニズムは共産主義のように、国家の政治体制をイメージさせるが、直接の関係はない。

タバコの火をもらうとか、道を教えるといった形で世界のどこにでも見られる。アルバイト中に、一緒に働いている人がペンを落としているのを見たら、それを拾ってあげるのもコミュニズムだ。重要なのは、このようなコミュニズムは社会を維持するために必要なのにもかかわらず、ささいなこととして扱われていることだ。ペンを落としても誰も拾ってくれない職場や、拾ったら見返りを求められる職場では誰も働きたいと思わない。しかし、そのことの価値が評価されることはほとんどない。グレーバーは、そのようにささいなことにされたことが、実はより大きな社会関係の基盤をなしていると考えて、「基盤的コミュニズム」と呼ぶ。

「贈与のパラドックス」の居所

松嶋とグレーバーの議論が私たちに教えてくれるのは、「ボランティア」も支援する人・される人という二者間の関係にとどまらないのではないかということだ。支援される人だけでなく、支援する人も様々な事情を抱えながらボランティアをする。家庭で子育てや介護を抱えていれば、なかなか思うようには参加できないだろう。仕事でくたくたになることもある。時には友人と遊びにいったり、恋人や家族と過ごす時間も欲しい。逆に、ボランティアをすることと遊びの境界がなくなってしまうこともある。そんななかで、基盤的コミュニズムが様々な場面で駆動する。ボランティアをすることそれ自体の場合もあるし、誰かがボランティアできるための気遣いの場合もある。第一章の伊豆旅行で障害のある人や高齢者、子どもたちなど様々な人たちがあらわしたのは、まさにそのことだ。

同じことは、地域の共同作業でも起きる。僕が何回か訪れたことのある福島県のある集落では、毎年五月に村人総出で用水の補修・掃除をおこなう。人びとはスコップや草刈り機を持って参加する。地域の外に出ていった人たちも、この時は帰ってくる。だから、久しぶりの再会の場でもある。以前は若い男女で一緒に作業するように配慮していたので、出会いの場でもあった。水をせき止め、川が枯れると魚とりが始まる。仕事はいつしか遊びのようになる。とれた魚は打ち上げの宴会のごちそうになる。水路の脇の草刈りをすることで、川の水温はあがって稲の生育はよくなる。みんなで清掃するので、この川の水を大切にしようとする意識も生まれる。[21]共同作業は単なる用水の補修・掃除ではなく、再会や出会いの場であり、遊びであり、宴会であり、そして地域の環境への意識を高める場でもある。このように多様な意味と、複雑な関係のなかにある活動について誰が誰に何を与えているのか、誰がどんな対価を得ているかなどと考えることは難しい。

贈与のパラドックスに陥るのは、ボランティアの誰かが与えて、誰がそれを受けているかという、その部分にだけ注目しているからだ。今、都会でも田舎でも地域の共同作業はだんだんとなくなって、それは一部の人が担う特別なことか、あるいはお金を払って誰かにやってもらうことに代わっている。エチオピアでは、路上で物乞いに出会ったときにお金をあげるのは当たり前の行為だ。一方、日本ではそんなことをしても意味がないと思って無視するのが当たり前だ。文化人類学者の松村圭一郎はこの違いを、日本では境界線からはみ出してくるものはなく、だから生活に苦しむ人や障害のある人の支援をすることは、特別なことになってしまっているのだという。

私たちの住む街は、生活に苦しむホームレスや独居老人、障害を持つ人や精神を病む人はできるだけ人目のつかない場所に追いやられ、きれいに美化され、「貧しさ」の影がぬぐいさられている。[22]

だから、ボランティアをすることも、誰かに何かをあげることも、奇特なことになる。そして、贈与のパラドックスが強い意味を持ってしまう。五輪ボランティアと、災害ボランティアだけが、ボランティアを語る言説の多くの部分を覆ってしまっているというのが、実は現代の社会のいびつさを物語っているのではないかと僕は考える。

贈与のパラドックスを引き受けて、ボランティアの現場で自己満足ではないかと悶々と悩む。悶々と悩むことが実は他者と向き合うことであり、そしてきれいになってしまった街のなかで、境界をはみ出してくるものを感知する力を研ぎ澄ますことだと僕は考える。

交換
やりがい
自己満足
対価
贈与

Ⅲ　ほんとうに世界のためになっているの？――ボランティアと公共性

自分のやっていることの「正しさ」を、疑わなくなってしまうのは危険だ。一般にボランティアは「正しいこと」とされている。しかし、実際には、本当に「正しいこと」であるのかを思い悩んでしまうものであり、そしてそのことこそが重要なのではないかと前章で書いた。災害ボランティアだからといって、それが「正しい」とは限らない。どんな活動でもある面において「正しい」が、完璧な活動などなく、どこかに見落としている点や、見直さなければならない点があるはずだ。

しかし、「正しさ」を疑わなくてよい状況がつくられてしまうことがある。たとえば、それはファシズムによって国家が支配されたときだと、ドイツの近現代史を研究してきた歴史学者である池田浩士は語る。ファシズムのことを、池田は「危機の時代からの脱却や、危機的状況の解消を実現するための、全社会的・全国民的な運動の一形態」と定義する。ファシズムの具体例として、池田はナチス・ドイツを取り上げる(23)。

ナチス・ドイツとボランティア

第一次大戦の敗戦と世界恐慌によって深刻な不況に陥るなか、ナチスは失業の危機にさらされている労働者の支持を集めて政権を握った。池田は、失業者自身はむしろ、ドイツ共産党に投票していたことが、近年の研究で明らかになったと注意を喚起する。失業者自身ではない。明日は、失業するかもしれないと考えた多くのドイツ国民がナチスを支持したのである。

ナチスは政権を握ると、それまでに失業対策として実施されていた「自発的労働奉仕制度」を大幅に拡充させた。この制度に参加することで、失業者は些少であれ現金収入と、働く機会を得ることができた。制度の参加資格は失業者以外にも広がり、本業を持つ人たちがボランティアとして、「全体の利益のため」に自分の労働力を提供することが推奨されるようになった。不況に陥った企業・事業主は、この制度を活用することで人件費を削減できた。ナチスはこれを利用し、アウトバーン（自動車専用高速道路）の敷設など国家規模の大事業を進めた。

さらに、ナチスは一九三五年に帝国労働奉仕法を制定し、国民の労働力を困っている人のために役立てる労働奉仕制度をつくった。一八歳から二五歳の若者は誰もがこの労働奉仕に参加し、そして困っている人を助けることとなった。国家にお墨付きを与えられた「正しいこと」を実践することで、若者たちの目は輝き、自分たちの生きている意味を確認した。最初は強制的だったかもしれないが、次第に自発的に「正しいこと」に没頭し、そして没頭することを誇るようになった。

正しいとされていることをおこなうとき、自分のおこないがこの現実のなかでどのような意味を持つのか、この現実のなかに生きる誰にとって具体的にどのような意味を持つのか、改めて問うことがなくなる。池田が、注意を喚起するのはこの点だ。実際、ナチスの人種差別思想が色濃く反映し、労働奉仕の対象にはユダヤ人は含まれていない。人種隔離政策のなかで、若者たちがユダヤ人と出会う場はなく、だからユダヤ人が支援の対象に含まれていないことも、その先で虐殺されることについても想像することはない。

「正しいこと」に没頭し、結果的に差別や排除に加担してしまうことはアジア太平洋戦争期の日本でも起きていたし、今も起きていないわけではない。たとえば、渋谷駅周辺の地下道をきれいにするため、美術専門学校の学生がその壁にボランティアで絵を描くことがあった。学生たちは一生懸命自分たちの作品を描いた。しかし、学生たちはホームレス状態にある人がそこで暮らしていたこと、そして作品を描くことを理由に彼らがそこから排除されたのを知ることはなかった(24)。前章で紹介した本間龍たちが五輪ボランティアで危惧することの一つも、この点である。

ボランティアを奨励する側が、ボランティアをする人たちにその活動の正しさを褒めちぎる。その一方で、ボランティアを奨励する側にとって都合の悪いことは、ボランティアをする人たちに見えないようにする。ボランティアをする人たちの目は輝き、そこにある矛盾や排除に気づかなくなる。

この章で考えたいのは、この問題だ。それは、ボランティアの「公共性」をめぐるものとも言い換えられる。

動員論――ボランティアはシステムによって動員されている

一九九五年に阪神淡路大震災があり、全国から多くのボランティアが駆け付けた。マス・メディアでも、ボランティアの活躍は様々に報じられ、この年を日本の「ボランティア元年」とする語りも生まれた。一九九八年には、「ボランティア活動をはじめとする市民が行う自由な社会貢献活動としての特定非営利活動の健全な発展を促進し、もって公益の増進に寄与すること」[25]を目的に特定非営利活動促進法（ＮＰＯ法）が議員立法で制定された。ここでいう公益とは、自分や家族など身近な人の利益ではなく、自分と直接かかわりのない人も含んだ社会の利益と考えればよいだろう。この法に基づく、特定非営利活動法人（ＮＰＯ法人）の設立が相次いだ。

そんななかで、国や市場のシステムがボランティアやＮＰＯを都合よく利用しているという批判も起こった。国家（国や地方自治体）は社会福祉などの予算をカットする一方で、経済的規制を緩和し民間企業の活動範囲を広げた。これまで国家が運営していた事業も、民営化されていった。民間企業による自由競争の領域が広がっていくこのような世界的潮流は、「ネオリベラリズム」とも呼ばれる。採算性が低い領域は民間の営利企業が参入しないため、ボランティアやＮＰＯが補う。国はそれをただ見守るのではない。「公益の増進に寄与する」こと、「正しいこと」と奨励するとともに、それをおこなう人を高く評価する制度をつくり出した。阪神淡路大震災を受けて、文部省（現文部科学省）は一九九五年に各大学に対して、「被災地で活動しているボランティア学生の補講・追試・試験免除などの配慮を」と通達した。各大学でもボランティア講座の開講が続いた。やがて、文部省は中央教育審議会（中教審）などの場でボランティア活動の推奨・支援や、ボランティア活動をしていることへの入試選抜での評価などを提言していった[26]。

ネオリベラリズムがすすむなかで生じた、国家や市場がカバーできない領域を、市民が自発的に補う。社会思想史を研究する中野敏男は、これを行政サービスをカットしようとする国家と、儲からない事業には手を出したがらない営利企業が、それぞれに都合のよい形で、ボランティアに参加する市民を「動員」しているのだと批判している。それだけではない。ボランティアに社会を変える可能性があるのだと語る人びとも、結局は社会の多数派が考える「公益」の範囲でしかボランティアを考えていない[27]。たとえば、原発反対運動やマイノリティの権利擁護運動など、今ある社会を根本的に問い直そうとする、政治的な側面を持つ運動への参加はボランティアとして考えられることが少ない。本業をおろそかにしてボランティアをすることも推奨されない。入試選抜でボランティア経験を評価することは、大学進学を選択せずにボランティアに打ち込む生徒のことは想定しないし、そもそも入試のあり方自体を問い直そうとする生徒の政治的な活動をボランティアと考えることもない。

何がボランティアで、何がボランティアではないのか?

ボランティアと国家や市場との関係を批判的に問いかける動員論は重要であるが、それが批判するように、ボランティアと政治を切り離さず、ボランティアと政治をつなげて考える議論は現実に存在してきた。たとえば、反アパルトヘイト運動に長年かかわってきた教育学者の楠原彰は、「ボランティア」が公害反対運動や住民運動、市民運動から引き離されると、「ボランティア活動」から批判的精神が抜き取られ、逆にまた、様々な反戦平和運動やフェミニズム運動、反原発運動などの市民運動から「ボランティア性」、つまり、素人性や自発性、多様な主体などが欠落しがちになる、と語る[28]。さらに動員論が、ボランティアと政治を切り離す風潮を強め、ボランティア活動をする人が政治と向き合う意識を弱めてしまうとも言える。

実際、ボランティアと政治は簡単には切り離せない。

二〇〇四年に起こったイラク日本人人質事件を思い起こそう。この時、イラクのファルージャで武装勢力に拘束された人びとは、現地の取材をしているジャーナリストだったり、ボランティアとして支援活動をおこなっている人だった。九日間の拘束ののち、解放された。解放前後から、政府関係者やマス・メディア、そして世間は彼女たちを、「日本政府の退避勧告を無視した無責任な行為をした」、「自己責任で行ったのに日本に迷惑をかけるな」と、強くバッシングした。

日本政府による退避勧告は、当時の小泉純一郎政権が、アメリカの始めたイラク戦争を支持するなかで出された。さらに、政府は自ら設定したイラク国内の「非戦闘地域」で国際貢献をおこなうため、自衛隊を派遣した（武装勢力は拘束した人びとを解放する条件として、自衛隊の撤退を求めていた）。つまり、政府とそれを支持する人びとにとって、自衛隊がおこなう「国際貢献」は「正しい」ものであり、個人がおこなうボランティアは「悪い」ものとされた。同じ時期に中越地震が発生しており、解放された一人は、「日本が大変なときにイラクくんだりで何をやっているんだ」と言われたこともあったという。[29] 前章で僕が「災害ボランティアには公共性がある」とする本間らの語りを批判したのは、災害ボランティアが肯定される傍らで否定されるものの存在を想ったからでもある。

しかしイラク戦争の開戦理由については、当初から国際社会からも疑問の声が上がっていた。

日本国内ではイラク戦争を支持しない人びとによって、反戦デモも起きていた。そんななかで、拘束された一人は戦争状態のなかで支援から取り残されたストリート・チルドレンの支援を続けていた[30]。イラク戦争に反対する立場からは、自衛隊がおこなう国際貢献よりも、彼女の活動のほうが人道支援としてふさわしいとも考えられた。

ここで重要なのは、何が「公益」にかなった「正しい」ボランティアで、何がそうでないとみなされるのか、その基準は一つではないということだ。どの基準を採用するのかをめぐる対立は、国家と個人の間にも、国家と国家の間にも、個人と個人の間にも生じる。

公共性とは、複数の「公益」がぶつかり合う領域や、様々な違いを持った、だから均質ではない人びとが交わるなかにある。政治学者の齋藤純一は、公共性と共同性の違いを次のように整理する。①共同体が閉じた領域をつくるのに対して、公共性は誰もがアクセスしうる空間である。②公共性は、共同体のように均質な価値に充たされた空間ではない。③共同体では、その成員が内面にいだく情念(愛国心・同胞心・愛社精神等々)が統合のメディアになるとすれば、公共性においては、それは、人びとの間にある事柄、人びとの間に生起する出来事への関心(interest)――〝interest〟は〝inter-esse(間に在る)〟を語源とする――である[31]。

障害のある人からの投げかけ

障害のある個人と、障害のない個人の間を考えてみよう。次の、重度の障害のある人から、ボランティアへ投げかけられた言葉を読んでほしい。

重度障害者は、世間一般の人が当然のこととして享受している教育、労働など全ての場からはじきだされています。つまり障害者は現代社会において、被差別的で被抑圧的なのです。今までのボランティア活動は、このような人達を「かわいそうな人達」あるいは「不幸な人達」と呼び「だから私達が何かやってあげるのだ」ということだったと思います。しかし、これは大変な心得違いです。(32)

「かわいそうな人たちに対して何かをやっている」という意識が、ボランティアをする人の上から目線であることに、多くの人は気づくだろう。ここでボランティアをする人は障害のない人であり、彼らの手助けを受けるのは重度の障害のある人だ。ボランティアをする人は、障害のある人が、障害のない人が学ぶ場や、働く場、さらにいえば暮らす場から排除されていることを意識していない。重度の障害のある人は、障害があるという理由で地元の学校ではなく、特別支援学校に入ることを求められる。この文章が書かれた当時はそれすらもできず、就学を免除される（学校へ行けない）こともあった。介助者を入れて地域で暮らすのも今よりは一般的ではなく、家族に世話をされて暮らしていたり、あるいは施設に入所したりがほとんどだった。文章は続く。

なぜなら我々を、不幸な、恵まれない、かわいそうな立場にしているのは権力であり、いまの社会でもあります。その社会を創っているのは他ならぬ「健全者」つまりあなた方一人一人なのです。あなた方は、我々をはじきだした学校で教育をうけ、我々の姿をみられない職場で働き、我々の歩けない街を闊歩し、我々の利用できない乗物、エスカレーターなど種々の器物を使いこなしているのです。このように考えれば、一人一人が、いや他の人はとにかくとしてあなた自身が差別者、抑圧者といえましょう。このような自己反省をした時に「では何をなすべきか」「何をなさねばならないのか」が問われ、その答は、「自ら行うもの＝ボランティア」となるはずです。(33)

この文章を書いたのは、青い芝の会のリーダーの一人である、横塚晃一だ。青い芝の会が闘っていたのは、障害のある人を、障害のない人よりも劣った存在と考える優生思想だった。彼らが最初に声を上げたのは、一九七〇年の横浜市で母親が重度の障害のある子どもを絞め殺してしまった事件の裁判のときのことだ。世間は、「この子はなおらない。こんなすがたで生きているよりも死んだほうが幸せだ」と思ってわが子を殺してしまった母親に同情し、彼女の罪を軽くするための署名運動が起きた。これに対して青い芝の会は、もし障害のある子を殺して罪が軽くなるのだとしたら、障害のある子の命は障害のない子の命よりも軽くなってしまうとして、厳正な裁判を求めた。彼らは世間の母親への同情が、障害のある人びとが生きる価値を無視したうえで存在していることを暴いた。やがて青い芝の会の運動は、障害を理由にした中絶に道を開く優生保護法への反対運動や、車椅子利用者の乗車を拒否するバス会社への抗議のため、自分たちを支援する人びとと共にバスを占拠する「川崎バス闘争」、障害のある子の普通学級就学を求める運動などを、障害のある人の生存と生活をめぐって様々に、時に世間との軋轢を引き起こしながら展開していった。

だから、横塚の文章は障害のある人が障害のない人と違った暮らしを余儀なくされていることに何の疑問も持たずに、障害のある人に対してボランティアをした気になっている人びとを差別者や抑圧者と断じる。そのうえで、障害のある人に対する差別が世間に、そして自分自身の内側にあることをしっかりとみとめたうえで、障害のある人と共にその状況に対して何事かをなす人びとのことを、「ボランティア」と呼ぶべきだとする。

今、障害のある人が公共交通機関を使って街に出ていくことは多くの人が当たり前だと思っている。エレベーターやスロープも整備されて、かつてよりも出かけやすくなってもいる。しかし今でも、たとえば通勤ラッシュの時間に車椅子の人びととホームを移動すると、たとえその人が仕事のために出勤するときだったとしても、鋭い視線でにらまれることがある。ここでは、スムーズな移動を妨げる障害のある人――少数者でもある――の利益よりも、スムーズに移動ができる障害のない人――多数者でもある――の利益が重視されている。横塚は、少数者が少数者だからといって無視されるべきではないと声を上げ、そして彼らと共に立ち上がる人びとをボランティアと呼んだ。

「義によって助太刀いたす」――反公害・環境学者宇井純のボランティア

反公害運動からも、自分のやってきたことはボランティアだと言っていた人がいる。宇井純だ。(34)

反公害・環境学者として知られる宇井だが、彼が自分のやってきたことを「ボランティア活動だと思っている」と語っていたことは、あまり知られていない。

宇井は一九三二年に生まれた。東京大学工学部応用化学科を卒業後、日本ゼオン株式会社に就職し、塩化ビニールを生産する工場に勤めた。一九五九年に同社を退職し、東大の大学院に戻る。この頃、新聞記事で熊本県水俣市の「奇病」事件を知り、初めて現地を訪れた。プラスチック加工を研究した修士課程を修了し、博士課程では下水処理の研究を始めた。そして、水俣病の原因が水俣市に立地する新日本窒素肥料株式会社(一九六五年にチッソ株式会社に改称。以下、いずれもチッソと略する)からの排水であることの証拠をつかんだ。チッソは高度経済成長をけん引する化学工業の中心企業であった。水俣市の地域経済もチッソに依存し、企業城下町ともいわれていた。宇井は自分の調査結果を公表できなかった。

すると、一九六五年、新潟で第二の水俣病が発生した。宇井が東大工学部の助手に就任した年だ。このまま黙っていれば助教授、教授と昇進は約束されていたかもしれない。しかし、宇井は自分が調べたことを公表しなかったために第二の悲劇が起こったと考え、立ち上がる。国際会議で新潟水俣病事件について発表し、原因企業の昭和電工を相手取った訴訟では補佐人として弁護団に参加した。裁判では、自分にとって指導する側にあった教授たちが被告(チッソ)側の証人として立った。以後、宇井は一九八六年に東大を退職するまで助手から昇進することがなかった。

公害の被害者は、公害を全身で受け止める。暮らしの場が汚染され、からだに不調をきたし、それまでの生活もままならなくなる。被害の外にいる人から差別的な視線を浴びることもある。

それに対して、専門家は汚染物質の濃度や被害者の数など、数字に表れるものしか見ようとしない。専門家たちは、科学は中立的なもの、客観的なものであると言ってはばからないが、それは数字に表れる被害者の苦悩を無視することでもある、と宇井は批判する。それだけではない、チッソや昭和電工の側に立った専門家たちは、数字すらも自分たちに有利なように利用した。宇井は科学者として、被害者の側に立った。

世界保健機関（WHO）研究員としてのヨーロッパ留学を経て一九七〇年になると、日本の各地では公害の報道が爆発的に増えていた。この年、宇井は東大の施設を使って誰でも参加できる自主講座「公害原論」を始めた。三人来なくなったらやめようと始めた講座には、全国各地で反公害運動や住民運動にかかわる人たちを中心に三〇〇人が集まった。この時の経験を、宇井は次のように書く。

集まってきた人たちの勉強をしようという気力がこっちに伝わってくる。それに応えるためにこちらも必死で用意しなければならないのだが、集まって来た人たちはさらに、自分たちで自分たちを組織しはじめた。実行委員会をつくり、水俣病の患者、カネミ油症[35]の患者をストックホルムの国連環境総会に送るということを実際にやってしまったのである。普通の市民がある志を持って動いたら、それは大変なことになるということをやはり身の周りで実感した。また、社会科学的思考というか、社会には確かにある種の法則があって、その法則によって社会は変わりうるのだということを痛感した。[36]

宇井は普通の人びとが、直面する課題を解決するために自ら学び、自らを組織し、そして地域を超えて広がっていこうとする運動に、社会を変えていく可能性を持った大きな力を感じた。一章で使った言葉を使えば、「ネットワーキング」の力と言ってもいいかもしれない。それは、自分の専門に閉じこもりながら、結果的に国や大企業といった大きな存在にかしずく専門家たちの姿とは対照的である。

宇井は水俣を初めて訪れたときから、国や大学から研究費をもらったことがなく、いつも手弁当だった。そして、自主講座も人びとの手弁当に支えられていた。

私が一五年間東大で開いていた「自主講座」も一種のボランティア活動であったと考えられる。この活動が、全く自立したものであるかといえば、東大の施設を相当に利用した部分があるから、完全な自立活動ではない。しかし東大の利用の仕方としては、それまでに例のない方法を探しあてたものであるし、大学から研究費は出ていないから、やはり広義のボランティアと考えてよかろう。この場合、サービス対象は、全国の公害被害者運動、住民運動である。そこにはサービス、つまり情報や資料の提供だけがあって、指導などが全くないのが特徴であった。また行政とは対立することがあっても、支援は一切期待できなかった。(37)

高度経済成長という公益に向かって、政府も企業も大学も、そして地域社会すらも突き進んでいった。その圧倒的な運動は、それは、水俣病に苦しむ人びとの弱い、小さい声をかき消すばかりではなく、そこに異変を察知した科学者の言葉すらも奪ってしまった。宇井は、自らが知った事実を公表しなかったその加害性を直視し、孤立した被害者に寄り添おうと歩み始めた。宇井は、一九六五年頃に熊本の水俣病患者を支援する運動のなかでよく語られた、「義によって助太刀いたす」という言葉が、ボランティアの中味そのものであるという。(38)

公共性

宇井が自分のやってきた反公害運動を、「ボランティア活動だと思っている」と語ったことは多くの人を励ました。たとえば、この章に登場した楠原彰は、南アフリカのアパルトヘイトに反対する運動を展開していたのだが、宇井の言葉を聞いて、「国家（国家システム）と市民社会のせめぎあいの真ん中にボランティアがおかれている」と考えるようになったという。(39)専門家が、科学の中立性や、客観性を重んじるばかりに、被害者や政治と距離をとっていくのと同じように、ボランティアも中立性や公平性ばかりに気を取られると、気づけば複数の価値観がぶつかり合うような政治的な場を避けるようになる。そのような態度が、結果としてイラクで暮らす子どもたちや、施設の外で生きようとする障害のある人たちを無視することになることはすでに書いた。

宇井もボランティアと政治の関係について次のように語っている。

まともな政治の行われている国ならば、行政は当然ボランティアの仕事を、尊重しながらその一部を取りこんでゆくだろう。日本がまともな国でないことは、みんな身にしみている。だからこそ国家が必死になって、日本がまともな国であると信じこませるために公教育を統制しているのである。その日本国でさえ、あまりにも勝手にやりすぎて、変わる兆しを見せているのである。まして自分の住んでいる自治体ぐらいまともにできなくて、何のボランティア活動といえようか。非政治性をいつまでも看板にかかげるような活動が、現実に現体制維持のためにどれほど政治的役割を果たしたか、戦後史はその実例に満ちている。きれいごとのボランティア活動は、現状の補完物にしかならない。政治をおそれず、足で歩き、泥をかぶって方向をみつけようではないか[40]。

栗原彬は「公共性」には公論と公益、公的な決定の三つの要素があるとする[41]。これまでの公共性をめぐる議論で取り上げられてきたのは、公論だけだった。しかも、公論は多くの場合、異なる意見の人びとがじっくりと話をする熟議の大切さを伝えるだけに終わっていた。もちろん熟議は大切であるが、言葉を中心にしたコミュニケーションでは零れ落ちることがある。たとえばデモのような身体性を持った言葉や、絵や身振り、叫びなどの非言語的な表現のなかに、それを表現する人の想いを聴くことが、公論を考える際には重要だ。

公益について、これまでの日本ではお上(国/権力者)が決めるものとされていた。これに異議申し立てをしたのは、「富国強兵」や「殖産興業」といった掛け声で、国が進めた開発の犠牲者たちだった。足尾鉱毒事件を闘った田中正造は、「公益」を「民益」と呼び変えた。高度経済成長が頂点を極めようとするときに、宇井の自主講座にあつまった人びとが訴えたのも「民益」だろう。

国家益と民益が対立するときに、いかに決定をおこなうのかということが公的決定をめぐる問題である。足尾鉱毒事件や水俣病事件のように、国家益が民益を無視することがある。それに抗して声を上げていくことで、公益のなかに民益が取り入れられていくことがある。宇井が「自分の住んでいる自治体をまともにする」という言葉で表すのは、住民の立場で自分の暮らす自治体の公的決定に参加することだ。

栗原は「民益」という言葉を敷衍して、「人間にとっても、ほかの生物にとっても、生命系が本当に安全に豊かに生きられる生命環境ということ自体がもう一つの公益だ」と言う(42)。言葉を持たない重度の知的障害の人や赤ん坊、人間以外の生き物も含めた「公論」を考えるためには、たとえば付箋や模造紙を用意するとか、資料にフリガナを振るとか議論の場をどう設定するのかだけではなく、日々の暮らしのなかで様々な他者と交わり、時に余計なお世話と批判され傷ついたり、そもそも自分のやっていることに何の意味があるのかと自問自答しながら、それでも共にあろうとする、日々の暮らしの身振りが重要である。

お金が媒介する関係でもなく、誰かに命令されてやるのでもない。贈与のパラドックスを抱えながら、しかしそれでも他者と共にあろうとするボランティアという営みが、政治につながるというのはそういうことだと僕は考える。

この時、第一章の最後に自治と呼んだことと、ボランティアとがようやく重なるだろう。

終章　ボランティアの可能性

多文化共生の現場で活動を始めた学生に、あなたのやっていることはボランティアなのかと聞いたら、私のやっていることはボランティアだとは思わないと答えた。ボランティアだと支援のイメージが強くなる。何かをしてあげるつもりは私にはないのだと、その学生は爽やかに答えた。

かくいう僕も、自分のやっていることをボランティアだと思うようになったのは、実は二〇代後半になってからだった。大学一年生の頃にボランティア・サークルに顔を出していたこともあるが、自分のやっていることをボランティアと言い切る姿に違和感を持ち、深くかかわろうとは思わなかった。

そういう僕が、ボランティアという言葉を使い始めたのは、見沼田んぼ福祉農園で活動を始めてしばらく経った頃のことだ。その頃に、自分のやっている活動を一言で表すとしたら、それは「ボランティア」なのだと思うようになった。

福祉農園の活動は、最初は強制だった。大阪の大学に行っていた僕が、埼玉の実家に帰省をしていたときのことだ。福祉農園の代表をしている父は、作業が追いつかないといって、僕を強引に車に乗せた。農園につくと、炎天下で木の植え替えなどの作業をやらされた。当時の農園のボランティアは大体中高年の男性で、父親の仕事を手伝っているのは偉いと僕をほめてくれたが、こちらはいやいややらされているのでうれしくもなかった。そうやって何度も農園に連れていかれた。

気持ちが変わっていったのは、他者の力によってだった。友人を誘うと、何人かが反応してくれた。強制ではなく、自分で選んで農園にやってきた彼らは農作業や、農園活動、農園の生き物に興味を抱いた。収穫したばかりの野菜のおいしさ、農業機械を操ること、焚火を囲んで暗くなるまでおしゃべりすること、そして農園の周りの風景に彼らは感動した。その姿を見て、僕は初めて農園の活動がおもしろいと思うようになった。いつしか鍬の使い方や焚火のやり方を覚え、農機具小屋に棚をつくり、そして農園に来ている人たちとの会話を楽しむようになった。年長者に技術を教えてもらい、子どもたちには自分の覚えた技術を教えた。子どもたちと語ることで、自分の子どもの頃を思い出したりもした。農園を住処とする様々な生き物と出会い、季節の変化に敏感になった。様々な他者と出会い、そして他者と出会うなかで変わっていく自分を感じた。

時間が経つと農園のなかでも、様々な責任を担うようになった。自分たちのホームページをつくって仲間を集めたり、より多くの人たちがやってくるようにとイベントを開催した。障害のある人たちの活動の手伝いもするようになった。

この農園を守るのだという使命感もでてきたが、一方で使命感だけでは活動の理由は語れなかった。仲間が増えてくる喜びもあったし、自分が技術や知識を手に入れることもできた。何より収穫した野菜が手に入るようになった。それを「見返りを得られるからやっている」とも言えるのだろうが、それはやはりどこかで違う。見返りを期待して始めたのではなく、なんとなく始めたことがだんだん面白くなっていった感じである。自分の暮らしのなかに、農園の活動が根付いたということだろうか。気づけば誰かに言われて参加するのではなく、来るなと言われても（意見の衝突が起きると、そう言われることもたびたびあった）農園に通うようになった。農機具の盗難事件が起きたり、福祉農園を設置した県との交渉をすることなどもある。農園に来ている人から結構ヘビーな相談を受けることもあるし、時には喧嘩や論争をすることもある。そうやって続けているることを表すのは、「僕は福祉農園でボランティアをしている」という一言しかないと思うようになった。前章の最後の言葉を使えば、農園活動が僕の日々の暮らしの身振りになったのだ。

だから、多文化共生の現場で活動をしている学生も、彼女が長く活動を続けていけばそれはボランティアとしか呼べなくなる瞬間がくるのかもしれない。

ボランティアをめぐって、農業史を専門にする歴史学者の藤原辰史さんと議論したことがある。藤原さんは、ボランティアをめぐる問題を次のように整理した。

（1）ボランティアが支配者の「仕組み」（＝内的・外的生命を盗む資本制）の取りこぼしをフォローし、延命させてしまう。
（2）しかし、ボランティアがなければ、「困っている人たち」はより困る。
（3）（1）と（2）のパラドックス。
（4）ならば、たとえば、「仕組み」を掘り崩し、その残骸・失敗・廃棄物を養分にして「残党」

が賑わう対抗的仕組みを設定してみる。

(5)(4)を生態学で「分解者」と呼ぶ[43]。

動員論が批判したように、ボランティアは自分の役割を小さくしようとする国家や、あるいはお金儲け以外はやりたがらない市場のそれぞれのシステムに都合よく使われる。しかし、それだけ国家や市場システムが隅々まで浸透した世の中において、国家のサービスから排除されている人たち——たとえば被災した人や難民などのマイノリティを思い浮かべるといいだろう——や、お金を持っていない人は、ボランティアがなければより困る。そうであるならば、単にボランティアが動員されているとシニカルに批判するのではなく、ボランティアを通じて他者と交わりながら、国家や市場のシステムを掘り崩していく身振りを身に着けていくことが大事だと、僕は考える。国家や市場のシステムを舌鋒鋭く批判し、今ある世界に取って代わるような理想像を出すのではない。今あるシステムがうまく機能しないところに入り込み、他者と共に生きる空間にしてしまう。

他者との間には、深い溝がある。広いこともあり、狭いこともあるが、いずれにしろ深い溝であることは変わりない。対話とはあちら側とこちら側からその溝を飛び越える行為である。それがあまりに繰り返されるために、僕らは溝を飛び越えていることすら忘れ、平坦な地平で他者と向き合っているように勘違いする。共に生きるとは平穏な状態ではない。金銭や強い力の媒介もなく他者と交わることは、実はお互いの存在がむき出しのままであるとも言える。葛藤や対立は繰り返される。そしてその繰り返しの先に、やさしさはあらわれる。

チシマ君の独走で始まった伊豆旅行は、まさにその一つのあらわれのように思う。あの旅行は、僕たちが会員となっているＮＰＯ法人の日常活動を一変させる新規事業にはならない。なくても困らないような、ささやかな取り組みである。でも、ＮＰＯ法人になって数年が経ち、事業に追われているなかで、もともとかかわっていた人たちや新たに出会った人たちとの関係は薄くなっていた。そんななかで準備が始まった旅行では、様々な人たちが自発的に自分の持っている知識や技術、あるいはＤＶＤや酒を差し出し、差し出されたものをみんなが共用した。夜の二次会では、チシマ君の「人生山あり谷ありですよ」という一言が呼び水になって、目頭を熱くする人もいた。

立ち止まって考えさせられることもあった。たとえば、宿は障害者手帳を持っている人や高齢者には割引があった。普段、障害のある・なしや年の差を意識せずに付き合っているのに、手帳の有無や年齢を聞くのは、これまでの関係をがらりと変えてしまうような緊張を感じた。家族連れで参加している人を見て、孤独感を抱く人もいたはずだ。その気持ちを無視するのでも、その気持ちを解消するような何かを提示するのでもない。ただその気持ちに目をそらさずに、お互いのことをよりよく理解しようともがき続ける。もがき続けながら、より多くの人たちを巻き込んでいく。それはまた、僕たちがより雑多な人たちと共に生きることにもつながっていく。

旅の終わりに、参加者はみな、「楽しかった」と口にして、来年もまたやりたいねと語っていた。チシマ君は、彼の口癖である「やっぱり人情ですよ」と語った。多くの道連れのいる旅が無事終わった満足感のなかで、僕は初めて「人情」という言葉の意味がわかった気がした。

　チシマ君が旅行の後に送ってくれた手紙には、「今年はニシさんの七回忌です。一緒にニシさんも旅行に行きました。楽しかったね」と書かれていた。彼もまた、ニシさんを感じながら旅をしていたことを知った。そして、「僕は初めての幹事、ドキドキしながら、浩平君（筆者の名前）に助けてもらいながら出来ました」と書かれていた。

　彼と僕とは一〇代後半から二〇年近く音信不通だった。頼りのない〈私〉たちは、時間が立てば大切な友達のことを忘れてしまう。お互い三〇代半ばになる頃に再会し、彼は農園にボランティアとして通うようになった。途切れていた縁が、再びつながっていった。四〇歳をすぎて、僕たちはこの旅のボランティアをすることで友情を深めた。同時に、僕たちは死んでしまった人のことを、もう一度身近に感じることができた。そうやって生きている人と生きている人、生きている人と死んでしまった人をおずおずと結びながら、〈私〉たちは自治《ボランティア》をしていく。